Impressum
Verlag: BABADADA GmbH, Nedderfeld 112 , 22529 Hamburg
Geschäftsführer / Verlagsleitung: Harald Hof
Druck: Books on Demand GmbH, In de Tarpen 42, 22848 Norderstedt

Imprint
Publisher: BABADADA GmbH, Nedderfeld 112 , 22529 Hamburg, Germany
Managing Director / Publishing direction: Harald Hof
Print: Books on Demand GmbH, In de Tarpen 42, 22848 Norderstedt, Germany

escuela

学校

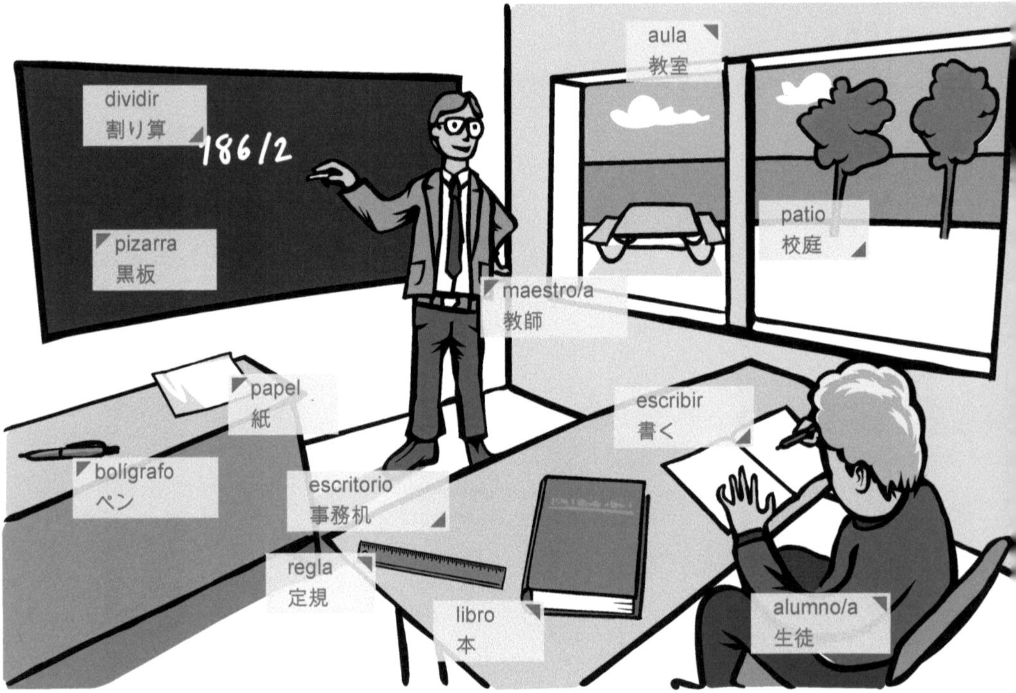
aula
教室
dividir
割り算
186/2
pizarra
黒板
patio
校庭
maestro/a
教師
papel
紙
escribir
書く
bolígrafo
ペン
escritorio
事務机
regla
定規
libro
本
alumno/a
生徒

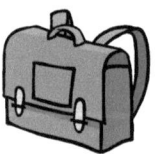

cartera

ランドセル

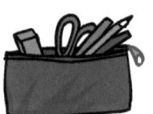

caja de lápices

筆入れ

lápiz

鉛筆

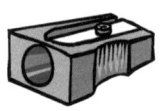

sacapuntas

鉛筆削り

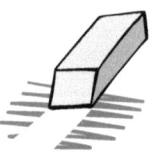

goma de borrar

消しゴム

cuaderno de dibujo

スケッチブック

dibujo
スケッチ

pincel
絵筆

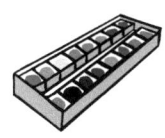

caja de pinturas
絵の具箱

tijeras
はさみ

pegamento
接着剤

cuaderno de ejercicios
練習帳

deberes
宿題

número
数

sumar
足し算

restar
引き算

multiplicar
かけ算

calcular
計算する

letra
文字

alfabeto
アルファベット

palabra
単語

texto
テキスト

leer
読む

tiza
チョーク

lección
授業

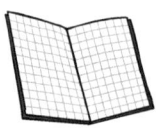

cuaderno de notas
学級日誌

examen
試験

certificado
通知表

uniforme escolar
制服

educación
教育

enciclopedia
百科事典

universidad
大学

microscopio
顕微鏡

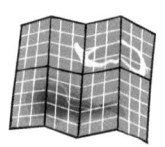

mapa
地図

papelera
ごみ箱

viaje
旅行

hotel
ホテル
Grand
albergue
ホステル
ROOMS
oficina de cambio de divisas
両替所
€CHANGE
maleta
スーツケース
coche
自動車

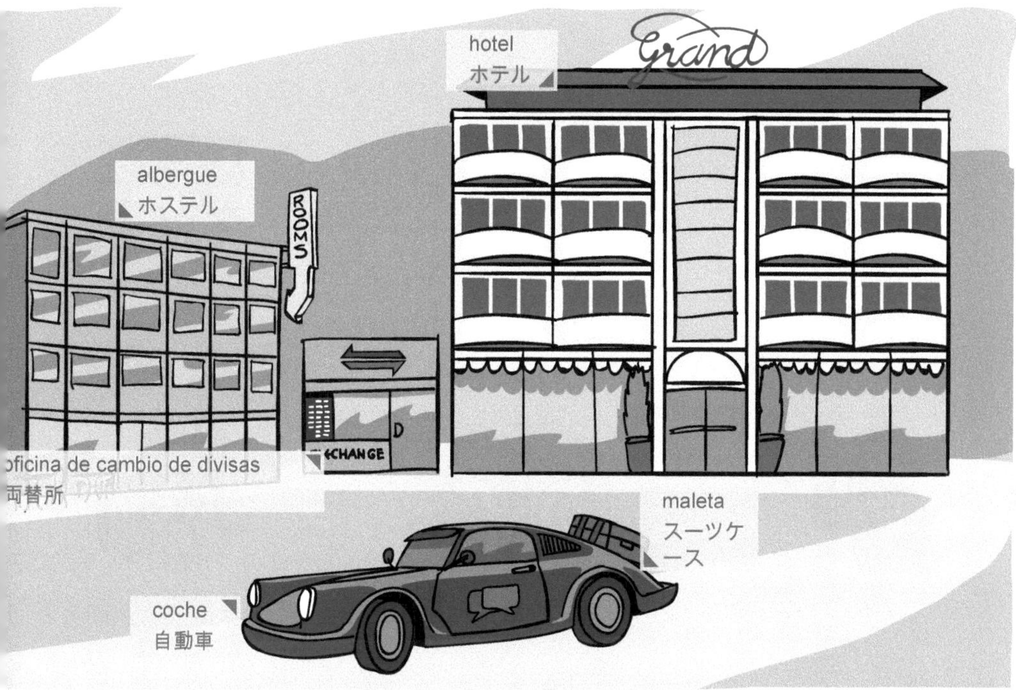

idioma
言語

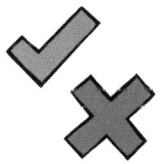

sí / no
はい / いいえ

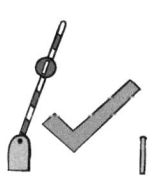

Vale
問題ない

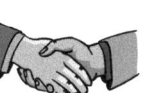

hola
ハロー

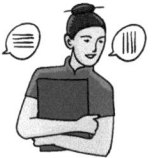

traductor
翻訳者

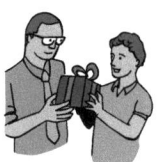

Gracias
ありがとう

¿cuánto es...?

...はいくらですか？

No entiendo

わかりません

problema

問題

¡Buenas tardes!

こんばんは！

¡Buenos días!

おはようございます！

¡Buenas noches!

おやすみなさい！

adiós

さようなら

dirección

方向

equipaje

手荷物

bolsa

バッグ

mochila

リュックサック

invitado

お客様

habitación

部屋

saco de dormir

寝袋

tienda de campaña

テント

información turística

旅行者情報

playa

ビーチ

tarjeta de crédito

クレジットカード

desayuno

朝食

almuerzo

昼食

cena

夕食

billete

チケット

ascensor

エレベーター

sello

スタンプ

frontera

境界

aduana

税関

embajada

大使館

visa

ビザ

pasaporte

パスポート

transporte

輸送

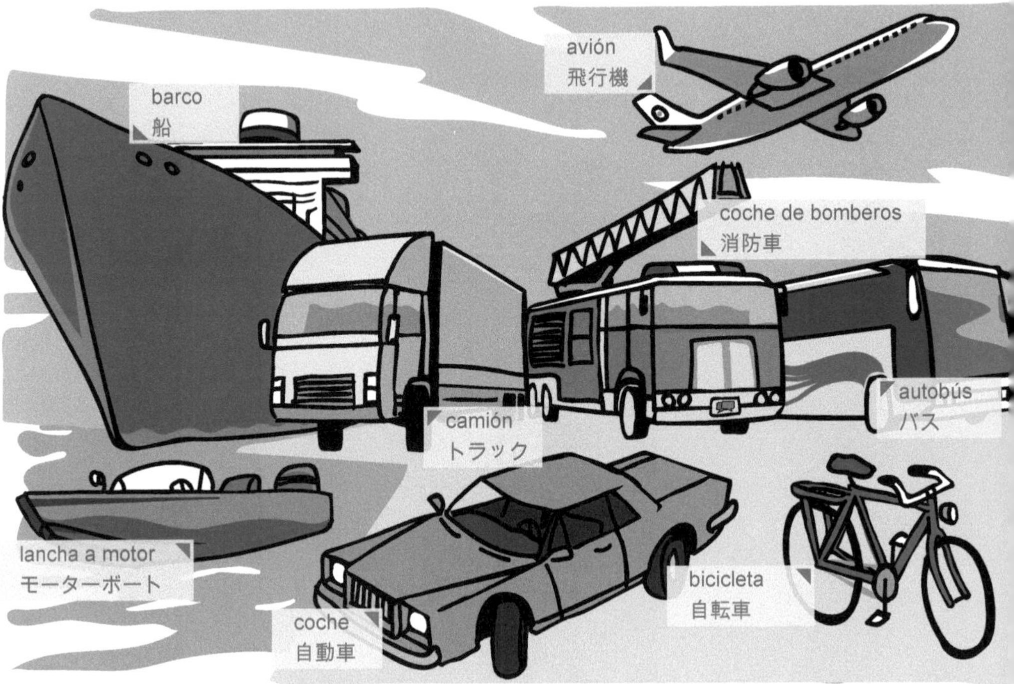

avión
飛行機
barco
船
coche de bomberos
消防車
autobús
バス
camión
トラック
lancha a motor
モーターボート
bicicleta
自転車
coche
自動車

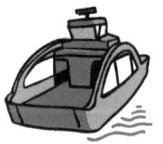

transbordador
フェリー

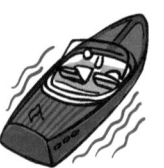

barca
ボート

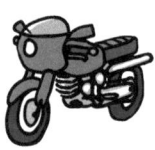

moto
バイク

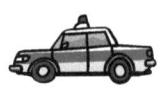

coche de policía
パトカー

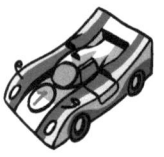

coche de carreras
レーシングカー

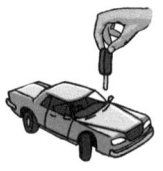

coche de alquiler
レンタカー

préstamo de vehículos

カーシェアリング

grúa

レッカー車

camión de la basura

ごみ収集車

motor

モーター

gasolina

燃料

gasolinera

ガソリンスタンド

señal de tráfico

交通標識

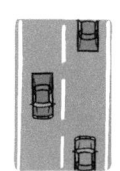

tráfico

交通

atasco

渋滞

aparcamiento

駐車場

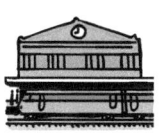

estación de tren

駅

vías

道

tren

列車

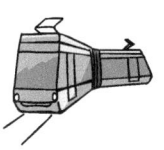

tranvía

路面電車

vagón

車両

helicóptero
ヘリコプター

aeropuerto
空港

torre
タワー

pasajero
乗客

contenedor
コンテナ

caja de cartón
段ボール箱

carretilla
カート

cesta
カゴ

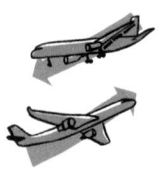

despegar / aterrizar
離陸 / 着陸

ciudad
都市

pueblo
村

centro de ciudad
都心

casa
家

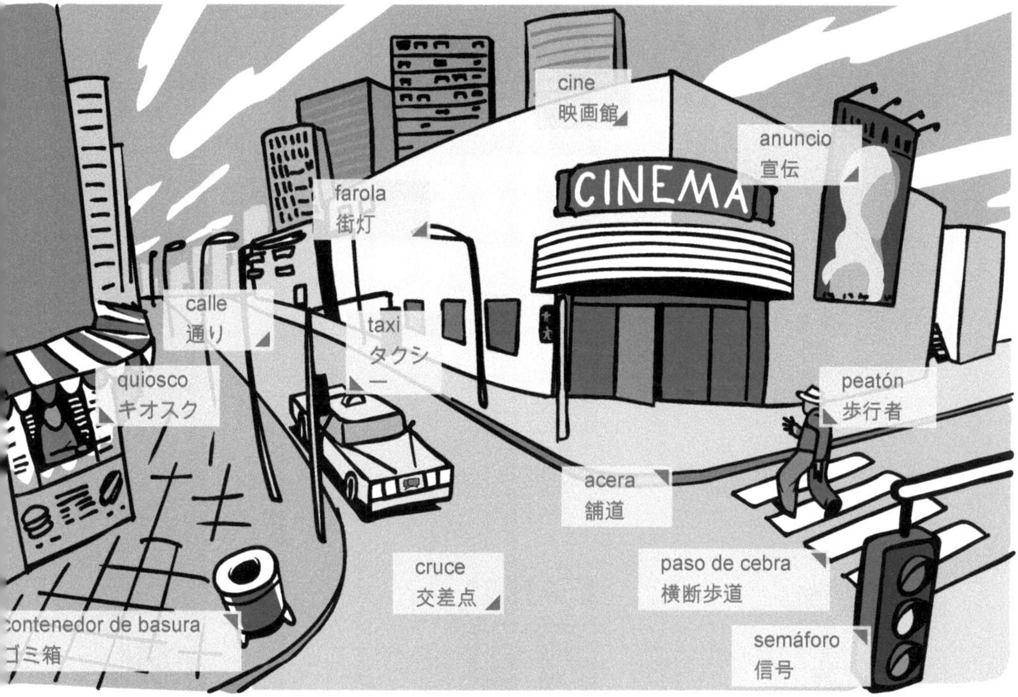

cine
映画館
CINEMA
anuncio
宣伝
farola
街灯
calle
通り
taxi
タクシー
quiosco
キオスク
peatón
歩行者
acera
舗道
cruce
交差点
paso de cebra
横断歩道
contenedor de basura
ゴミ箱
semáforo
信号

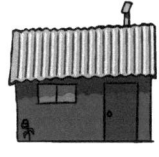

cabaña

小屋

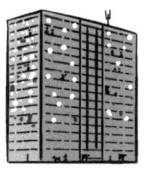

apartamento

アパート

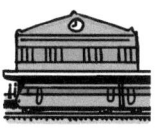

estación de tren

駅

ayuntamiento

市役所

MUSEUM

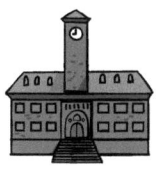

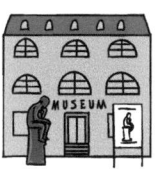

museo

美術館

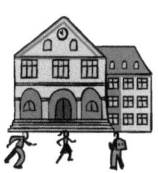

escuela

学校

universidad

大学

banco

銀行

hospital

病院

hotel

ホテル

farmacia

薬局

oficina

オフィス

librería

書店

tienda

ショップ

floristería

花屋

supermercado

スーパーマーケット

mercado

市場

grandes almacenes

デパート

pescadería

魚屋

centro comercial

ショッピングセンター

puerto

港

parque

公園

banco

ベンチ

puente

橋

escaleras

階段

metro

地下鉄

túnel

トンネル

parada de autobús

バス停

bar

バー

restaurante

レストラン

buzón

ポスト

poste indicador

道路標識

parquímetro

パーキングメーター

zoo

動物園

piscina

スイミングプール

mezquita

モスク

granja

農場

contaminación

汚染

cementerio

基地

iglesia

教会

patio de juego

遊び場

templo

寺

paisaje

風景

hoja
葉

señal
道標

camino
道

prado
草地

piedra
石

árbol
木

excursionista
ハイカー

río
川

hierba
草

flor
花

valle
谷

colina
山

lago
湖

bosque
森

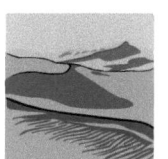

desierto
砂漠

volcán
火山

castillo
城

arcoíris
虹

champiñón
キノコ

palmera
ヤシの木

mosquito
蚊

mosca
ハエ

hormiga
蟻

abeja
ミツバチ

araña
クモ

escarabajo

カブトムシ

rana

蛙

ardilla

リス

erizo

ハリネズミ

liebre

ウサギ

lechuza

フクロウ

pájaro

鳥

cisne

白鳥

jabalí

雄豚

ciervo

鹿

alce

ヘラジカ

presa

ダム

turbina eólica

風力タービン

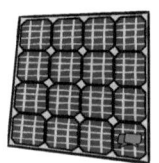

panel solar

ソーラーパネル

clima

気候

restaurante
レストラン

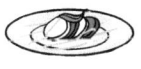

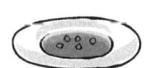

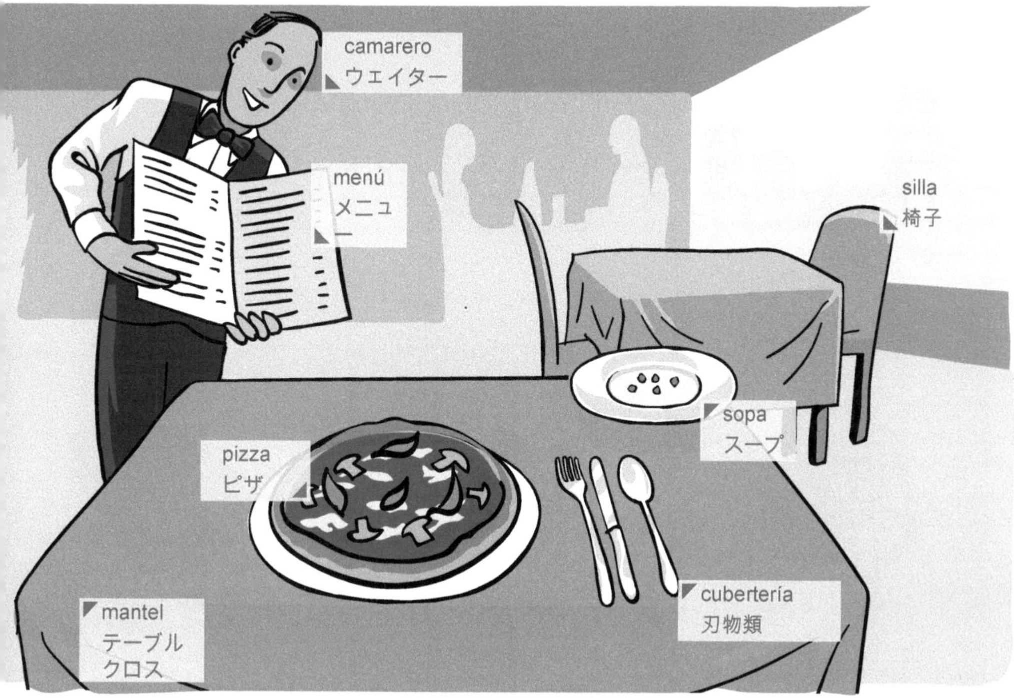
camarero
ウェイター
menú
メニュー
silla
椅子
sopa
スープ
pizza
ピザ
cubertería
刃物類
mantel
テーブルクロス

primer plato

前菜

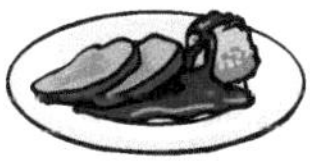

plato principal

メインコース

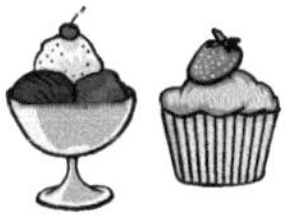

postre

デザート

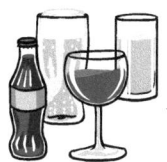

bebidas

飲み物

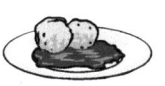

comida

食べ物

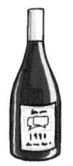

botella

ボトル

comida rápida

ファストフード

comida callejera

屋台の食べ物

tetera

ティーポット

azucarero

砂糖入れ

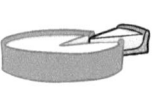

porción

一人前

cafetera expreso

エスプレッソマシン

trona

幼児用食事椅子

cuenta

請求書

bandeja

トレー

cuchillo

ナイフ

tenedor

フォーク

cuchara

スプーン

cucharilla

ティースプーン

servilleta

ナプキン

vaso

グラス

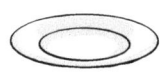

plato

皿

plato hondo

スープ皿

platillo

受け皿

salsa

ソース

salero

塩入れ

molinillo de pimienta

ペッパーミル

vinagre

酢

aceite

油

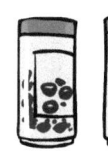

especias

スパイス

ketchup

ケチャップ

mostaza

マスタード

mayonesa

マヨネーズ

supermercado

スーパーマーケット

oferta especial
特価品
FOR
cliente
顧客
lácteos
乳製品
fruta
果物
carro de la compra
ショッピング・カート

BUTCHERS

carnicería

肉屋

BAKERY

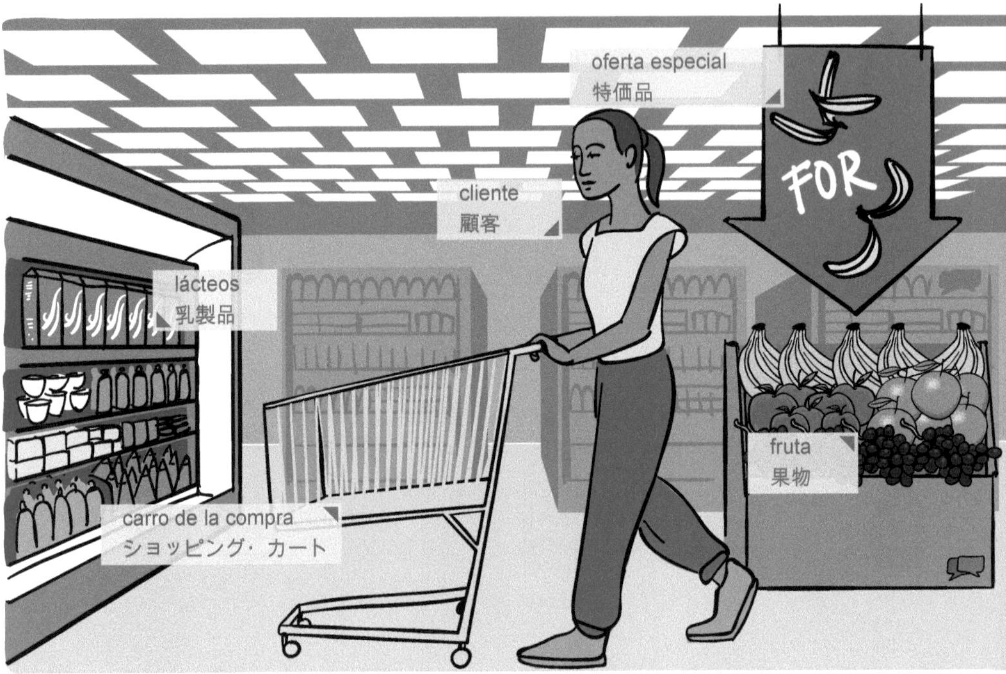

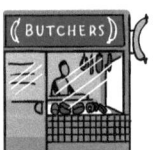

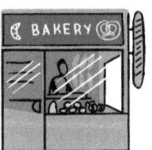

panadería

パン屋

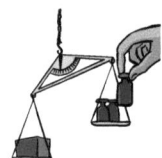

pesar

重さをはかる

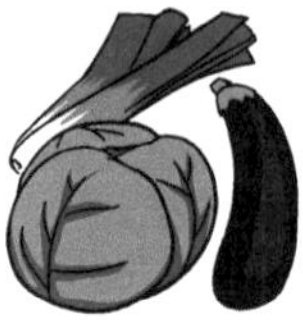

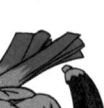

verduras

野菜

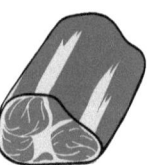

carne

肉

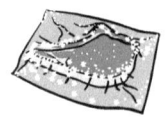

alimentos congelados

冷凍食品

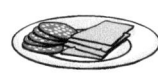

fiambres

冷肉の薄切り

conservas

缶詰食品

detergente en polvo

洗剤

dulces

菓子

productos de uso doméstico

家庭用品

productos de limpieza

清掃用品

vendedora

販売員

caja

現金箱

cajero

レジ係

lista de la compra

買い物リスト

horario de atención al
público

開館時刻

cartera

財布

tarjeta de crédito

クレジットカード

bolsa

バッグ

bolsa de plástico

ポリ袋

agua

水

zumo

ジュース

leche

牛乳

cola

コーラ

vino

ワイン

cerveza

ビール

alcohol

アルコール

cacao

ココア

té

紅茶

café

コーヒー

expreso

エスプレッソ

capuchino

カプチーノ

plátano

バナナ

manzana

リンゴ

naranja

オレンジ

melón

メロン

limón

レモン

zanahoria

ニンジン

ajo

ニンニク

bambú

竹

cebolla

玉ねぎ

champiñón

キノコ

avellanas

ナッツ

fideos

ヌードル

espagueti

スパゲッティ

arroz

米

ensalada

サラダ

patatas fritas

フライドポテト

patatas fritas

フライドポテト

pizza

ピザ

hamburguesa

ハンバーガー

sándwich

サンドウィッチ

filete

カツレツ

jamón

ハム

salami

サラミ

salchicha

ソーセージ

pollo

鶏肉

asado

焼き

pescado

魚

copos de avena

麦のお粥

muesli

ムーズリ

copos de maíz

コーンフレーク

harina

小麦粉

cruasán

クロワッサン

panecillo

ロールパン

pan

パン

tostada

トースト

galletas

ビスケット

mantequilla

バター

cuajada

カッテージチーズ

pastel

ケーキ

huevo

卵

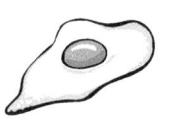

huevo frito

目玉焼き

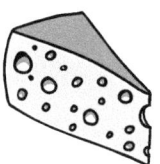

queso

チーズ

helado

アイスクリーム

azúcar

砂糖

miel

はちみつ

mermelada

ジャム

crema de turrón

ヌガークリーム

curry

カレー

granja
農家

granero
納屋

fardo de paja
ストローベール

campo
畑

caballo
馬

remolque
トレーラー

potro
子馬

tractor
トラクター

burro
ロバ

cordero
子羊

oveja
羊

cabra

ヤギ

vaca

雌牛

ternero

子牛

cerdo

豚

cerdito

子豚

toro

雄牛

ganso

ガチョウ

pato

アヒル

pollo

ひよこ

gallina

にわとり

gallo

おんどり

rata

ネズミ

gato

猫

ratón

ねずみ

buey

雄牛

perro

犬

perrera

犬小屋

manguera

散水ホース

regadera

じょうろ

guadaña

大鎌

arado

すき

hoz
草刈り鎌

azada
くわ

horca
堆肥用フォーク

hacha
斧

carretilla
手押し車

abrevadero
かいばおけ

lechera
牛乳缶

saco
袋

valla
フェンス

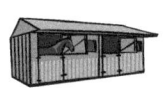

establo
畜舎

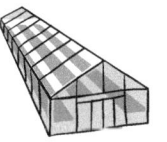

invernadero
温室

suelo
土壌

semilla
種

fertilizador
肥料

cosechadora
コンバイン

cosechar

収穫する

cosecha

収穫

ñame

ヤマイモ

trigo

小麦

soja

大豆

patata

じゃがいも

maíz

トウモロコシ

semilla de colza

菜種

árbol frutal

果樹

mandioca

キャッサバ

cereales

穀物

casa
家

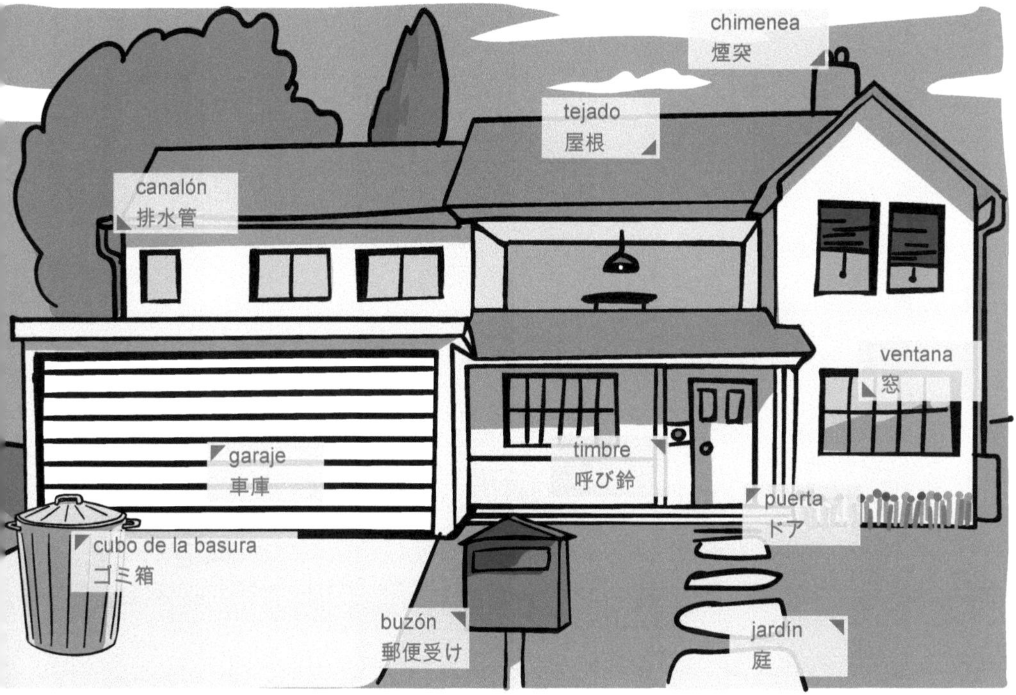
chimenea
煙突
tejado
屋根
canalón
排水管
ventana
窓
garaje
車庫
timbre
呼び鈴
puerta
ドア
cubo de la basura
ゴミ箱
buzón
郵便受け
jardín
庭

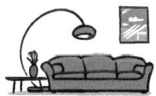

sala

リビングルーム

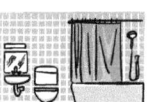

cuarto de baño

浴室

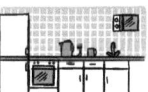

cocina

台所

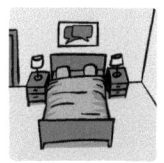

dormitorio

寝室

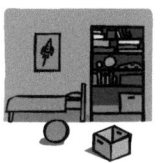

habitación de los niños

子供部屋

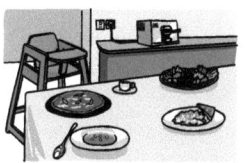

comedor

ダイニング・ルーム

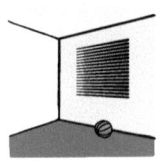

suelo

床

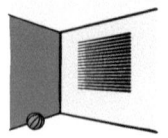

pared

壁

techo

天井

sótano

地下貯蔵庫

sauna

サウナ

balcón

バルコニー

terraza

テラス

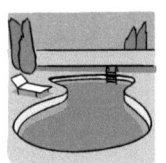

piscina

プール

cortacésped

芝刈り機

sábana

シーツ

colcha

ベッドカバー

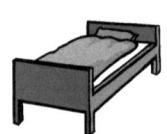

cama

ベッド

escoba

ほうき

balde

バケツ

interruptor

スイッチ

sala
リビングルーム

papel pintado
壁紙
imagen
絵
lámpara
ランプ
estante
棚
armario
食器棚
televisión
テレビ
chimenea
暖炉
flor
花
cojín
クッション
sofá
ソファ
jarrón
花瓶
mando a distancia
リモコン

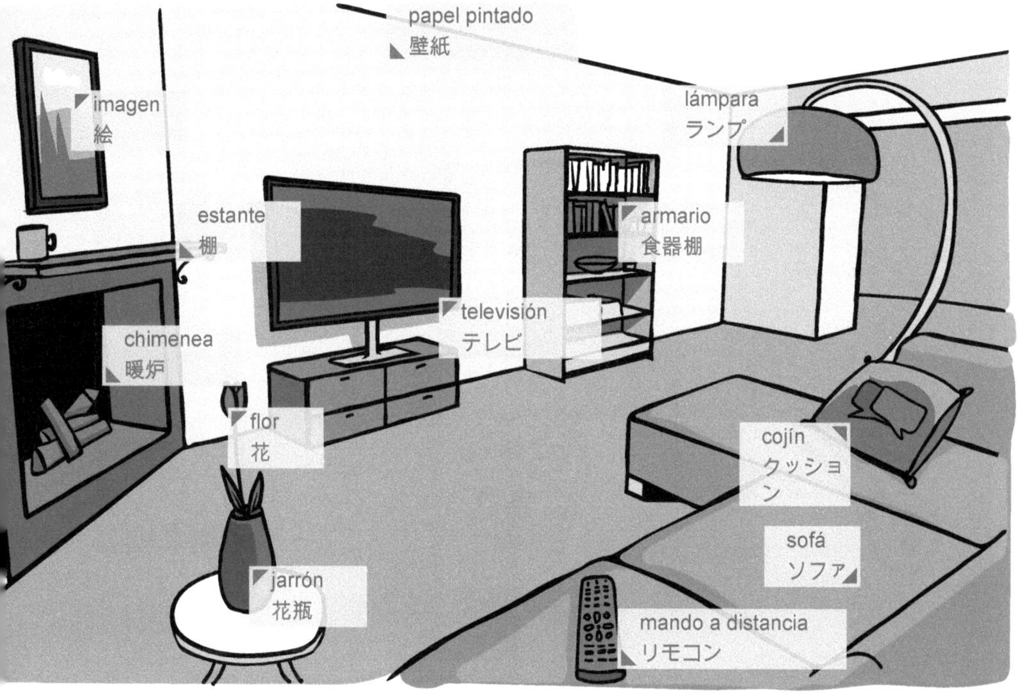

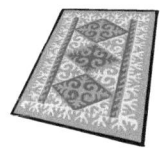

alfombra
カーペット

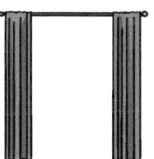

cortina
カーテン

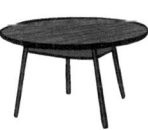

mesa
テーブル

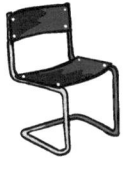

silla
椅子

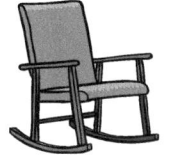

mecedora
ロッキングチェア

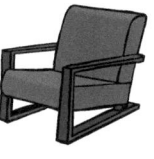

butaca
ひじ掛け椅子

libro

本

manta

毛布

decoración

飾り

leña

たきぎ

película

映画

equipo de música

ステレオ

llave

鍵

periódico

新聞

pintura

絵画

póster

ポスター

radio

ラジオ

cuaderno

メモ帳

aspiradora

掃除機

cactus

サボテン

vela

ろうそく

cocina
台所

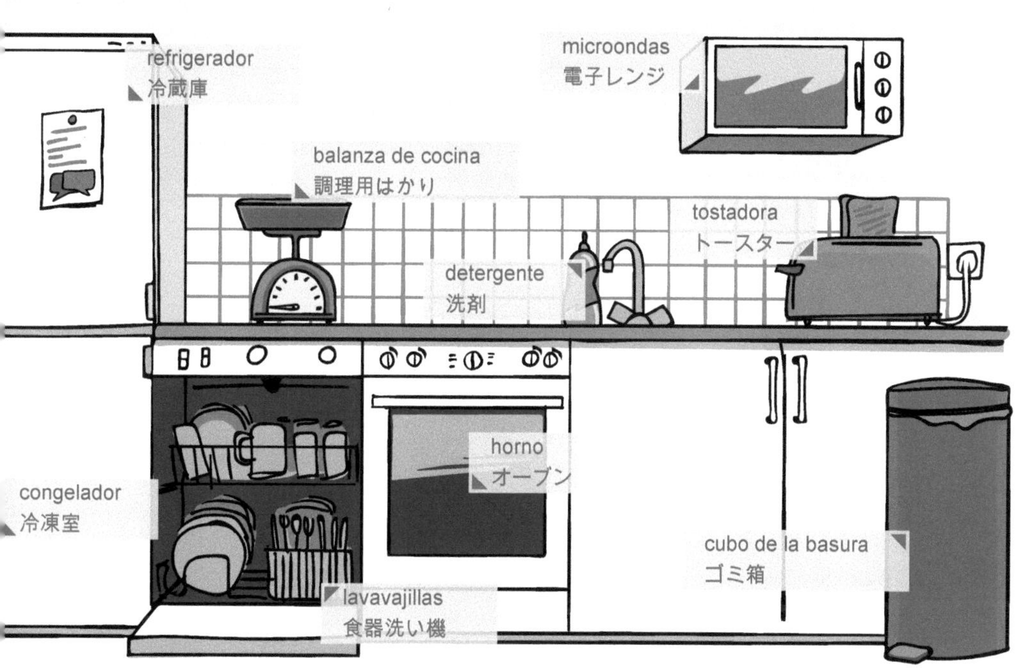
refrigerador
冷蔵庫
microondas
電子レンジ
balanza de cocina
調理用はかり
tostadora
トースター
detergente
洗剤
horno
オーブン
congelador
冷凍室
cubo de la basura
ゴミ箱
lavavajillas
食器洗い機

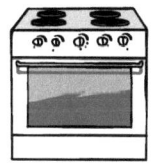

olla a presión

こんろ

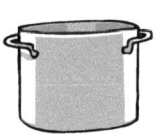

olla

鍋

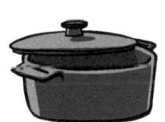

olla de hierro fundido

鉄鍋

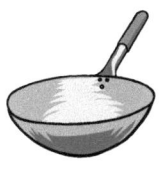

wok / karahi

中華鍋/ カダイ鍋

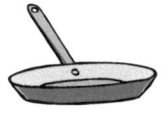

cazuela

フライパン

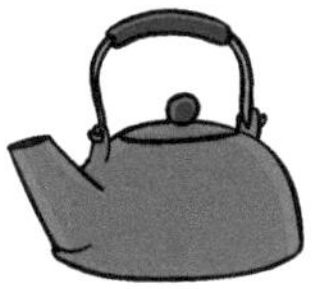

hervidor

やかん

vaporera
....
蒸し器

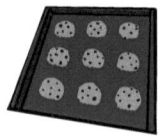

chapa de horno
....
天板

vajilla
....
食器

taza
....
マグカップ

tazón
....
ボウル

palillos
....
箸

cucharón
....
おたま

espumadera
....
へら

batidor
....
泡立て器

colador
....
こし器

cedazo
....
ふるい

rallador
....
すりおろし器

mortero
....
すり鉢

barbacoa
....
バーベキュー

hoguera
....
かまど

tabla de picar

まな板

rodillo

麺棒

sacacorchos

栓抜き

lata

缶

abrelatas

缶切り

agarrador

鍋つかみ

lavabo

流し

cepillo

ブラシ

esponja

スポンジ

batidora

ミキサー

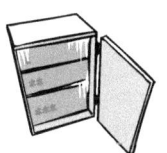

congelador

冷凍庫

biberón

哺乳瓶

grifo

蛇口

cuarto de baño

浴室

ducha
シャワー
calefacción
ヒーター
toalla
タオル
cortina de la ducha
シャワーカーテン
baño de espuma
泡風呂
bañera
浴槽
vaso
グラス
lavadora
洗濯機
grifo
蛇口
baldosas
タイル
orinal
おまる
lavabo
流し

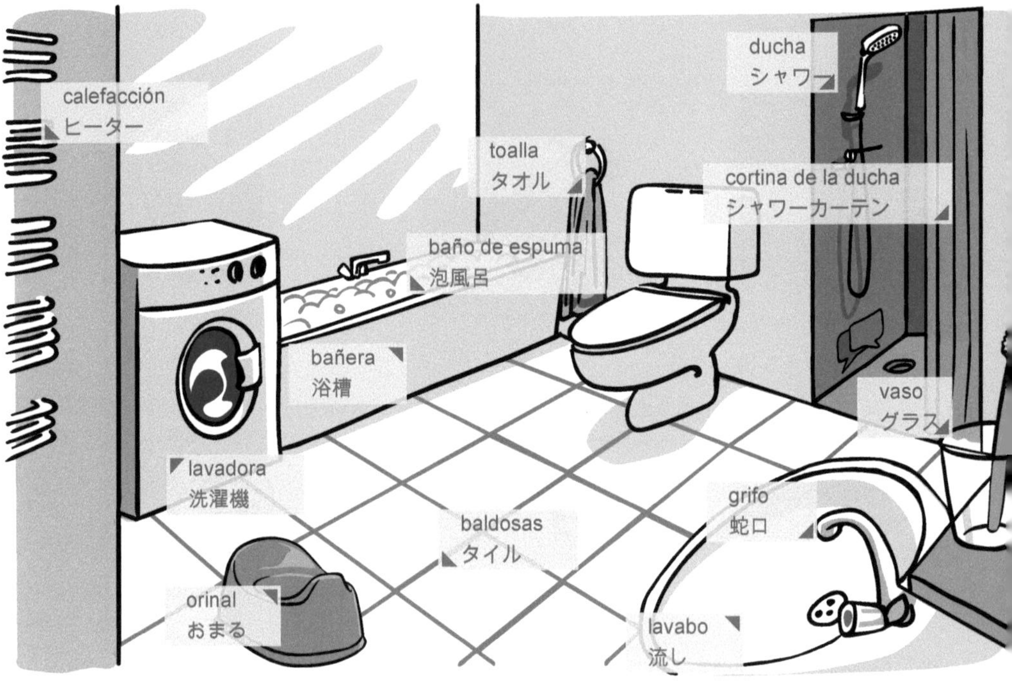

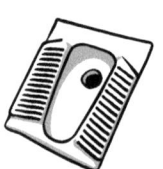

inodoro

トイレ

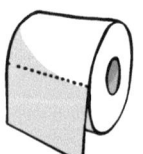

inodoro rústico

和式トイレ

bidé

ビデ

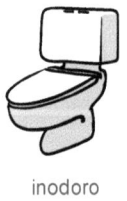

urinario

小便器

papel higiénico

トイレットペーパー

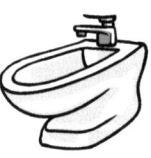

escobilla del váter

トイレブラシ

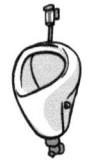

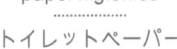

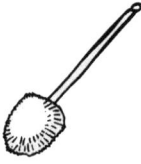

cepillo de dientes
歯ブラシ

pasta de dientes
歯みがき

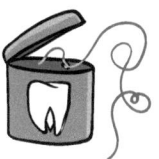
hilo dental
デンタルフロス

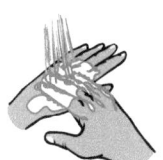
lavar
洗う

ducha de mano
シャワーヘッド

ducha íntima
ハンドビデ

pila
洗面台

cepillo de espalda
ボディブラシ

jabón
石鹸

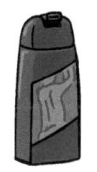
gel de ducha
シャワー用ジェル

champú
シャンプー

toallita
浴用タオル

desagüe
排水口

crema
クリーム

desodorante
消臭

espejo

鏡

espejo de tocador

手鏡

maquinilla de afeitar

かみそり

espuma de afeitar

シェービング・フォーム

loción postafeitado

アフターシェーブローション

peine

櫛

cepillo

ブラシ

secador

ドライヤー

laca

ヘアスプレー

maquillaje

化粧

pintalabios

口紅

pintauñas

マニキュア

algodón

脱脂綿

cortauñas

爪切り

perfume

香水

estuche de viaje
....
洗面用具入れ

banqueta
....
スツール

balanza
....
体重計

albornoz
....
バスローブ

guantes de goma
....
ゴム手袋

tampón
....
タンポン

compresa
....
生理用ナプキン

inodoro químico
....
ケミカルトイレ

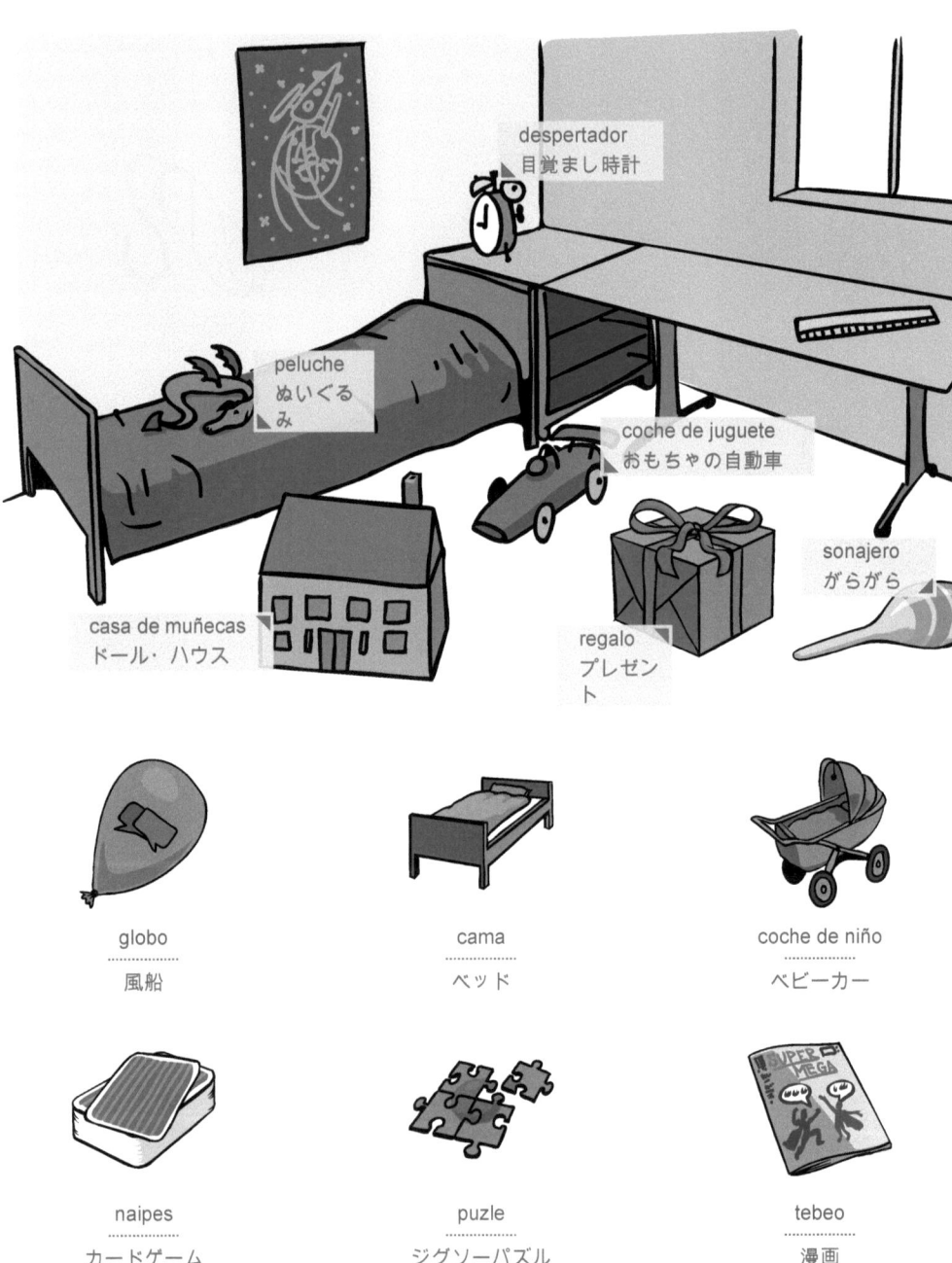

despertador
目覚まし時計

peluche
ぬいぐるみ

coche de juguete
おもちゃの自動車

sonajero
がらがら

casa de muñecas
ドール・ハウス

regalo
プレゼント

globo
風船

cama
ベッド

coche de niño
ベビーカー

naipes
カードゲーム

puzle
ジグソーパズル

tebeo
漫画

piezas de lego
レゴ

bloques de juguete
玩具ブロック

figura de acción
アクションフィギュア

bodi (de bebé)
ロンパース

frisbee
フリスビー

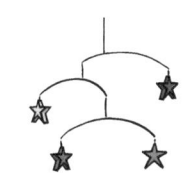

colgador móvil para bebés
モバイル

juego de mesa
ボードゲーム

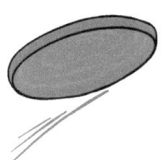

dados
さいころ

circuito de tren eléctrico
鉄道模型

maniquí
おしゃぶり

fiesta
パーティー

álbum de fotos
絵本

pelota
ボール

muñeca
人形

jugar
遊ぶ

cajón de arena

砂場

columpio

ブランコ

juguetes

おもちゃ

videoconsola

ゲーム機

triciclo

三輪車

oso de peluche

テディベア

guardarropa

衣装ダンス

ropa

衣服

calcetines

靴下

medias

ストッキング

leotardos

タイツ

bufanda
スカーフ

paraguas
雨傘

camiseta
Tシャツ

cinturón
ベルト

botas
ブーツ

zapatillas
スリッパ

deportivas
スニーカー

sandalias
サンダル

zapatos
靴

botas de goma
ゴム長靴

slip
パンツ

sostén
ブラ

chaleco
ベスト

bodi
ボディースーツ

pantalones
ズボン

vaqueros
ジーンズ

falda
スカート

blusa
ブラウス

camisa
シャツ

jersey
セーター

suéter
パーカー

blazer
ブレザー

chaqueta
ジャケット

abrigo
コート

gabardina
レインコート

traje
服装

vestido
ドレス

vestido de novia
ウェディングドレス

traje
スーツ

camisón
ナイトガウン

pijama
パジャマ

sari
サリー

bandana
ヘッドスカーフ

turbante
ターバン

burka
ブルカ

caftán
カフタン

abaya
アバヤ

traje de baño
水着

bañador
トランクス

pantalones cortos
半ズボン

chándal
スウェットスーツ

delantal
エプロン

guantes
手袋

botón

ボタン

gafas

メガネ

brazalete

ブレスレット

collar

ネックレス

anillo

指輪

pendiente

イヤリング

gorra

帽子

percha

ハンガー

sombrero

帽子

corbata

ネクタイ

cremallera

ファスナー

casco

ヘルメット

tirantes

サスペンダー

uniforme escolar

制服

uniforme

ユニフォーム

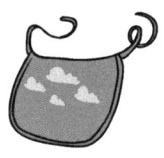

babero

よだれかけ

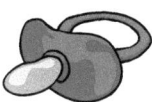

maniquí

おしゃぶり

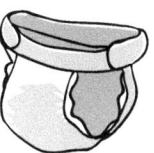

pañal

おむつ

oficina

オフィス

servidor
サーバ
archivo
書類キャビネット
impresora
プリンター
papel
紙
monitor
モニター
ratón
マウス
escritorio
事務机
carpeta
フォルダー
teclado
キーボード
papelera
ごみ箱
ordenador
コンピューター
silla
椅子

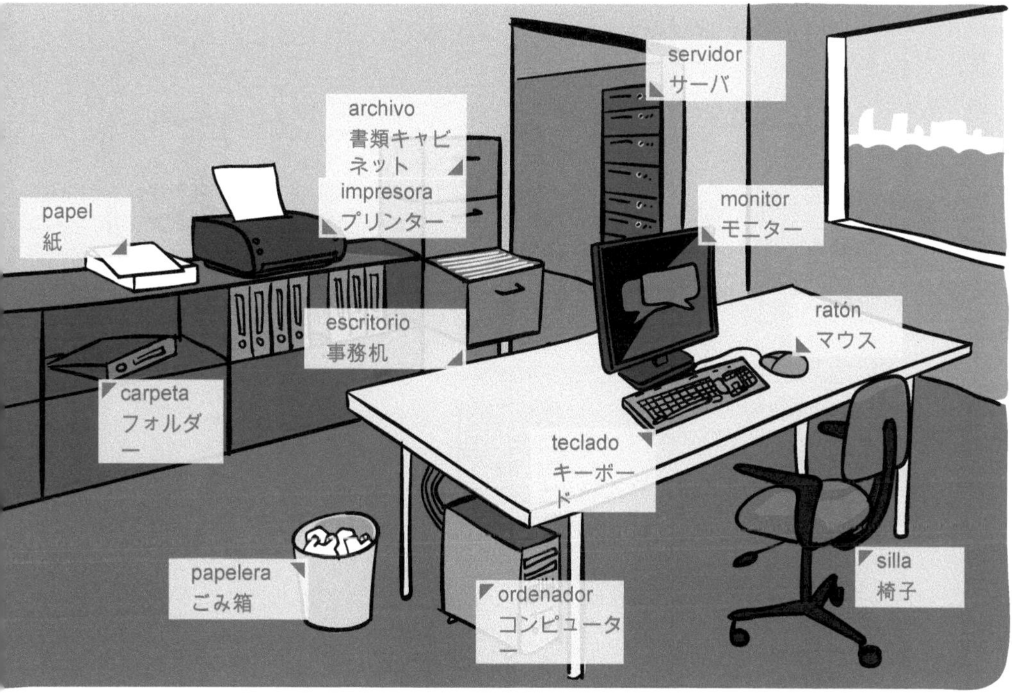

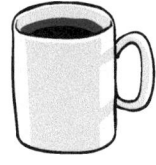

taza de café

コーヒーマグ

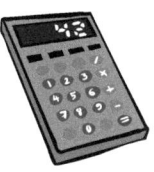

calculadora

計算機

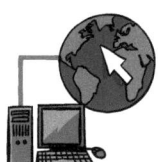

internet

インターネット

portátil

ラップトップ

carta

手紙

mensaje

メッセージ

móvil

携帯電話

red

ネットワーク

fotocopiadora

コピー機

software

ソフトウェア

teléfono

電話

toma de corriente

コンセント

fax

ファックス

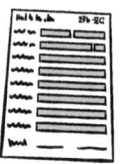

formulario

フォーム

documento

書類

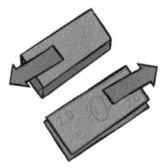

comprar
買う

pagar
支払う

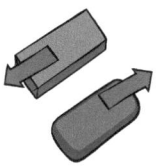

comerciar
取引する

dinero
お金

dólar
ドル

euro
ユーロ

yen
円

rublo
ルーブル

franco suizo
スイスフラン

renminbi yuan
人民元

rupia
ルピー

cajero automático
キャッシュポイント

oficina de cambio de divisas

両替所

oro

金

plata

銀

petróleo

油

energía

エネルギー

precio

価格

contrato

契約

impuesto

税金

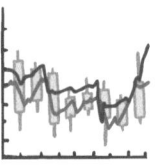

acción

株

trabajar

働く

empleado

従業員

empleador

雇用主

fábrica

工場

tienda

ショップ

oficios
職業

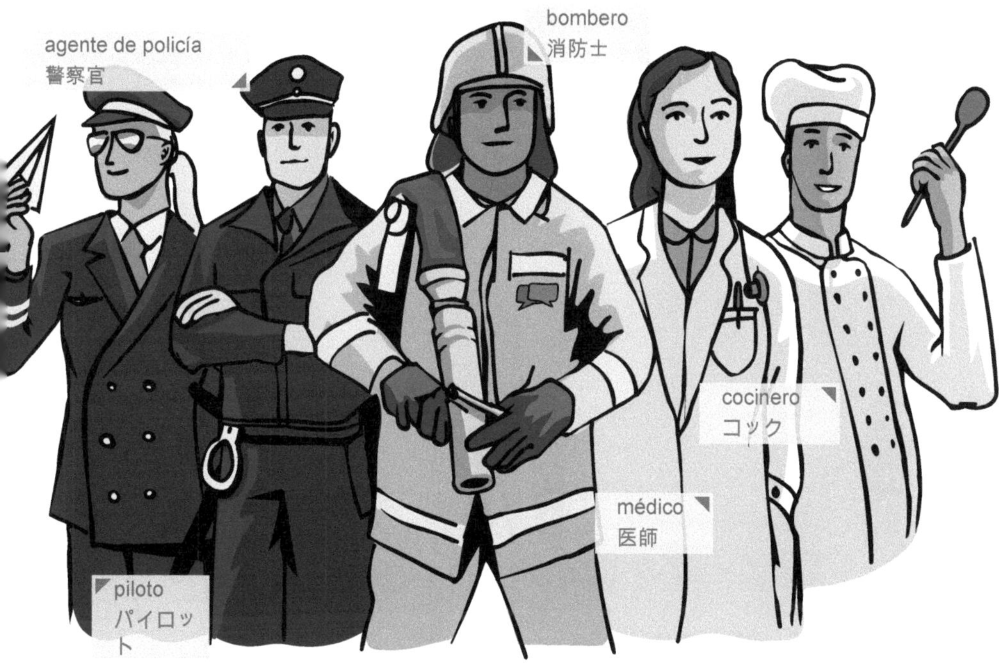

bombero
消防士
agente de policía
警察官
cocinero
コック
médico
医師
piloto
パイロット

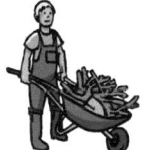

jardinero

庭師

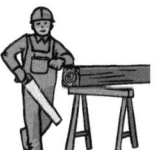

carpintero

大工

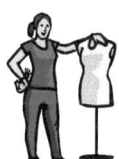

costurera

お針子

juez

裁判官

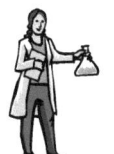

farmacéutico

化学者

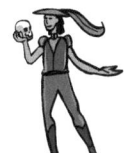

actor

俳優

conductor de autobús

バスの運転手

taxista

タクシー運転手

pescador

漁師

señora de la limpieza

掃除婦

techador

屋根ふき職人

camarero

ウェイター

cazador

ハンター

pintor

塗装工

panadero

パン屋

electricista

電気工

obrero

建設作業員

ingeniero

エンジニア

carnicero

肉屋

fontanero

配管工

cartero

郵便配達人

soldado

軍人

arquitecto

建築家

cajero

レジ係

florista

花屋

peluquero

美容師

revisor

車掌

mecánico

機械工

capitán

キャプテン

dentista

歯科医

científico

科学者

rabino

ラビ

imán

イスラム導師

monje

修道士

sacerdote

牧師

herramientas

道具

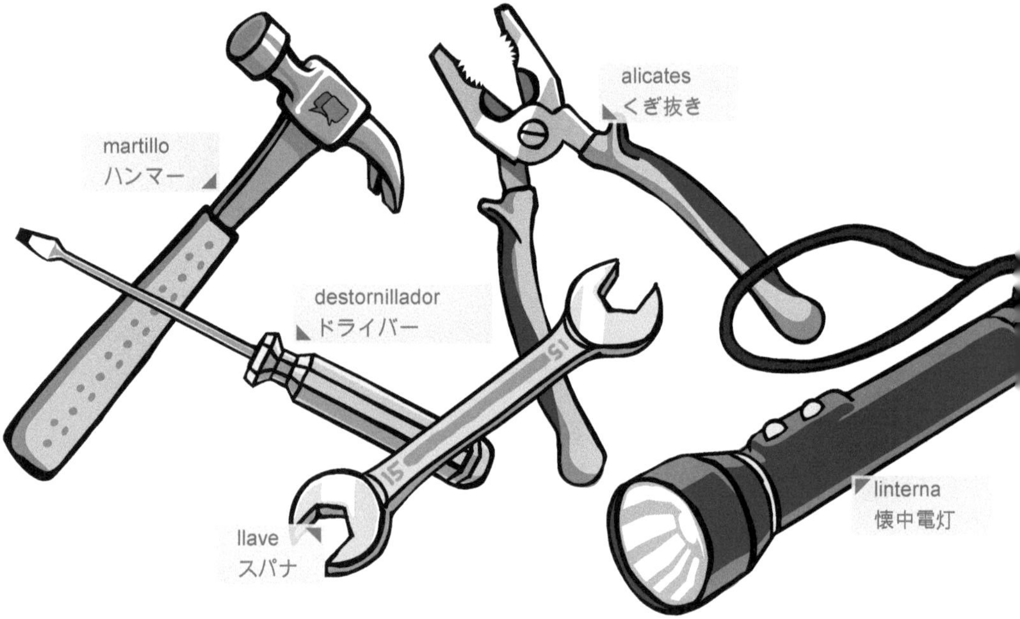
alicates
くぎ抜き
martillo
ハンマー
destornillador
ドライバー
llave
スパナ
linterna
懐中電灯

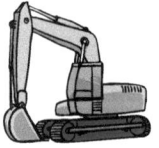

excavadora

掘削機

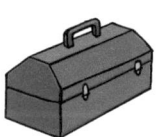

caja de herramientas

道具箱

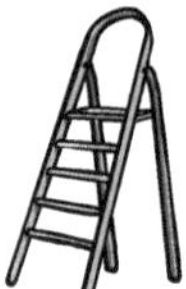

escalera de mano

はしご

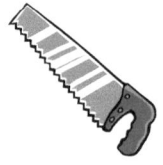

sierra

のこぎり

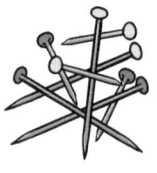

clavos

釘

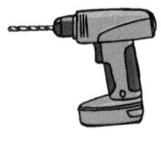

taladro

ドリル

reparar
修理する

pala
シャベル

¡Maldita sea!
クソ！

recogedor
ちりとり

bote de pintura
ペンキ缶

tornillos
ネジ

instrumentos musicales
楽器

batería
打楽器

altavoz
スピーカー

guitarra
ギター

contrabajo
コントラバス

trompeta
トランペット

piano
ピアノ

violín
バイオリン

bajo
バス

timbales
ティンパニ

tambor
ドラム

teclado
キーボード

saxofón
サックス

flauta
フルート

micrófono
マイクロフォン

ZOO
動物園

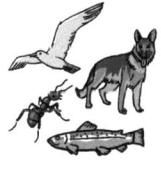

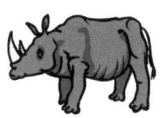

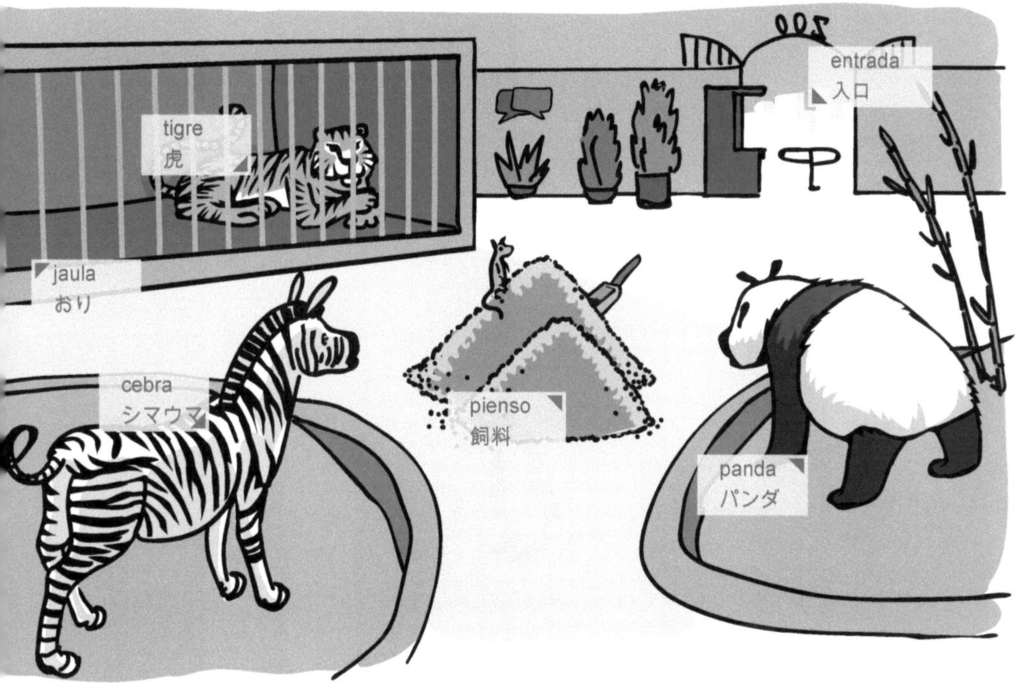

entrada
入口
tigre
虎
jaula
おり
cebra
シマウマ
pienso
飼料
panda
パンダ

animales
動物

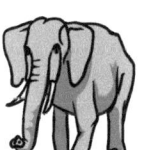

elefante
象

canguro
カンガルー

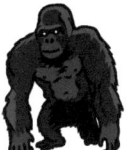

rinoceronte
サイ

gorila
ゴリラ

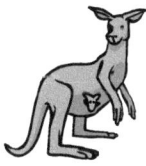

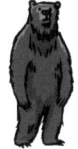

oso
熊

camello

ラクダ

avestruz

ダチョウ

león

ライオン

mono

猿

flamingo

フラミンゴ

loro

オウム

oso polar

白クマ

pingüino

ペンギン

tiburón

サメ

pavo real

クジャク

serpiente

蛇

cocodrilo

ワニ

guardián de zoológico

飼育係

foca

アザラシ

jaguar

ジャガー

poni

ポニー

leopardo

ヒョウ

hipopótamo

カバ

jirafa

キリン

águila

鷲

jabalí

雄豚

pescado

魚

tortuga

亀

morsa

セイウチ

zorro

狐

gacela

ガゼル

fútbol americano
アメフト

ciclismo
サイクリング

tenis
テニス

baloncesto
バスケットボール

natación
水泳

boxeo
ボクシング

hockey sobre hielo
アイスホッケー

fútbol
サッカー

bádminton
バドミントン

atletismo
陸上競技

balonmano
ハンドボール

esquí
スキー

polo
ポロ

actividades
活動

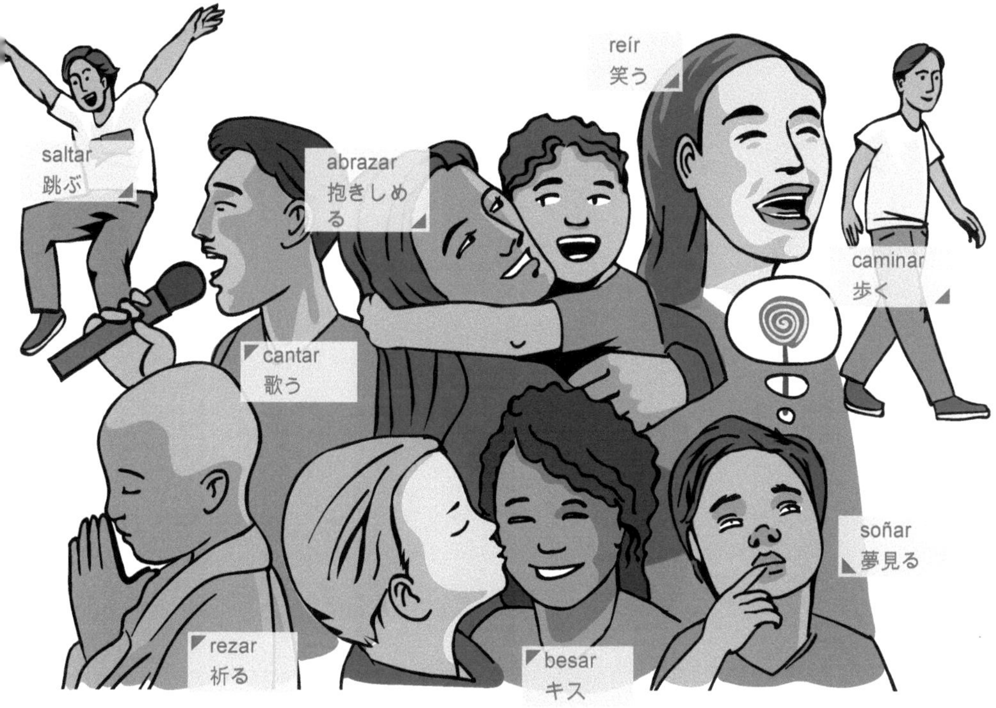
saltar
跳ぶ
abrazar
抱きしめる
reír
笑う
caminar
歩く
cantar
歌う
soñar
夢見る
rezar
祈る
besar
キス

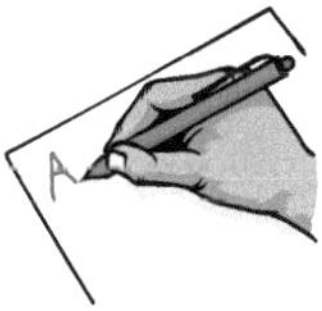

escribir
書く

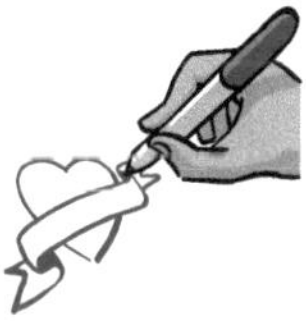

dibujar
描く

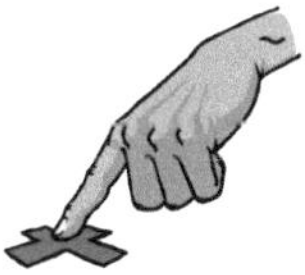

mostrar
示す

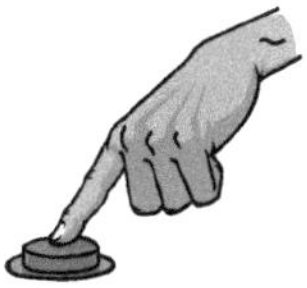

empujar
押す

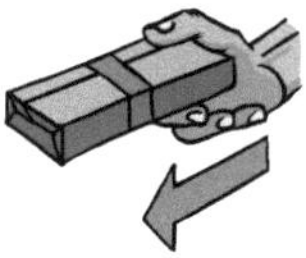

dar
与える

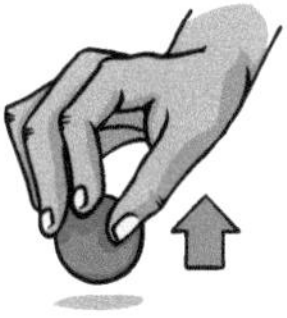

tomar
取る

tener
持っている

hacer
する

ser
ある

estar de pie
立つ

correr
走る

tirar
引く

tirar
投げる

caer
落ちる

yacer
横たわっている

esperar
待つ

llevar
運ぶ

estar sentado
座る

vestirse
着る

dormir
眠る

despertar
目が覚める

mirar

見る

llorar

泣く

acariciar

なでる

peinar

櫛ですく

hablar

話す

entender

理解する

preguntar

質問する

escuchar

聞く

beber

飲む

comer

食べる

ordenar

片づける

amar

愛する

cocinar

料理する

conducir

運転する

volar

飛ぶ

navegar

ヨットに乗る

calcular

計算する

leer

読む

aprender

学ぶ

trabajar

働く

casarse

結婚する

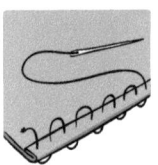

coser

縫う

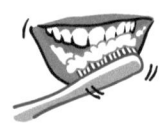

cepillarse los dientes

歯を磨く

matar

殺す

fumar

喫煙する

enviar

送る

familia
家族

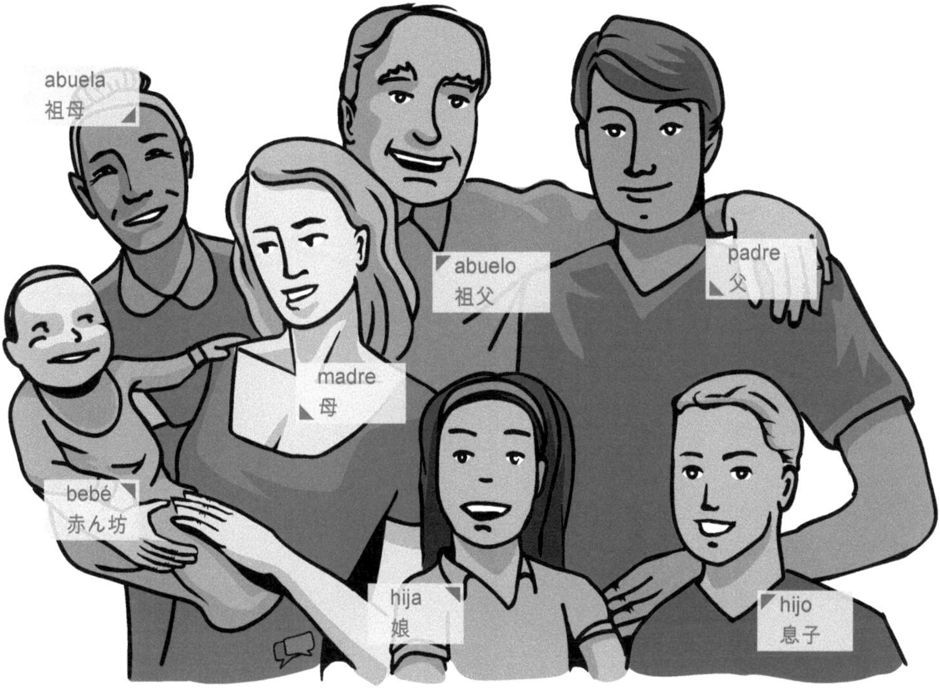

abuela
祖母
abuelo
祖父
padre
父
madre
母
bebé
赤ん坊
hija
娘
hijo
息子

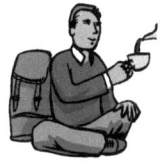

invitado

お客様

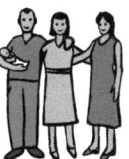

tía

おば

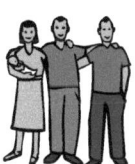

tío

おじ

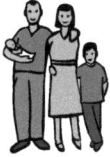

hermano

兄弟

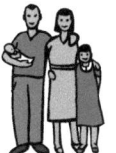

hermana

姉妹

cuerpo

体

frente
ひたい
ojo
目
hombro
肩
dedo
指
cara
顔
barbilla
あご
mano
手
pierna
脚
pecho
胸
brazo
腕

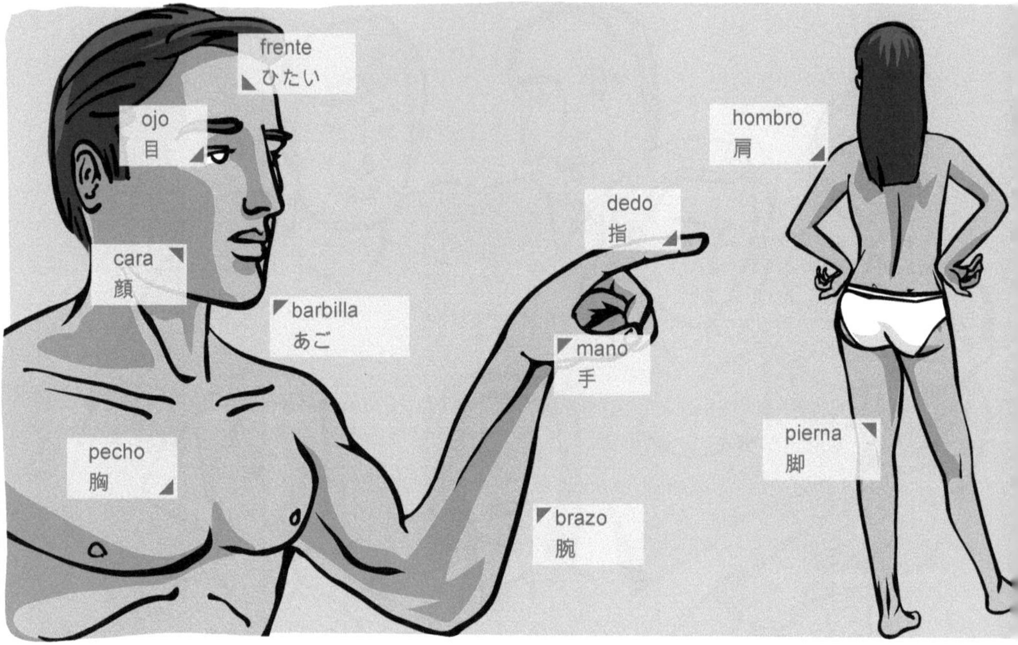

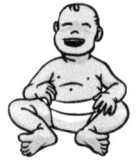

bebé

赤ん坊

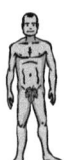

hombre

男性

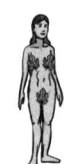

mujer

女性

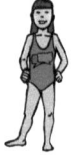

chica

少女

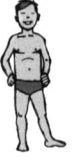

chico

少年

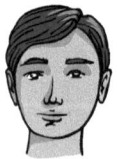

cabeza

頭

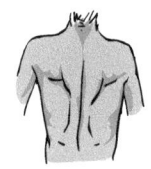

espalda

背中

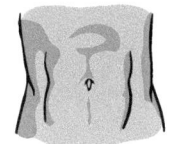

vientre

腹

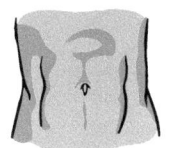

ombligo

へそ

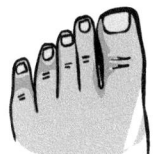

dedo del pie

足指

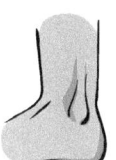

talón

かかと

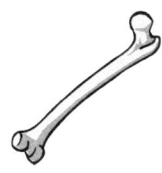

hueso

骨

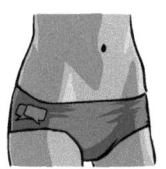

cadera

腰

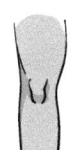

rodilla

ひざ

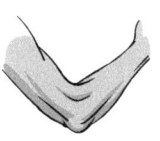

codo

ひじ

nariz

鼻

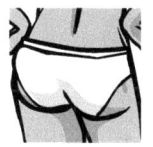

trasero

尻

piel

皮膚

mejilla

頬

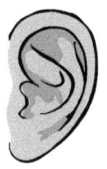

oído

耳

labio

唇

boca

口

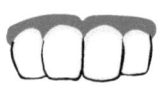

diente

歯

lengua

舌

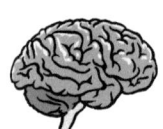

cerebro

脳

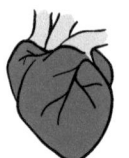

corazón

心臓

músculo

筋肉

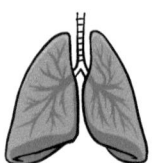

pulmón

肺

hígado

肝臓

estómago

胃

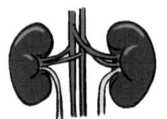

riñones

腎臓

sexo

セックス

condón

コンドーム

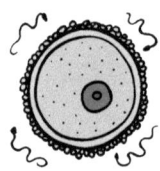

ovario

卵細胞

semen

精液

embarazo

妊娠

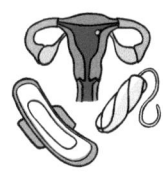

menstruación

月経

vagina

膣

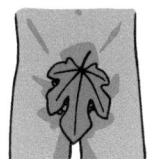

pene

ペニス

ceja

眉

pelo

髪

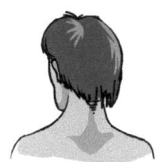

cuello

首

hospital
病院

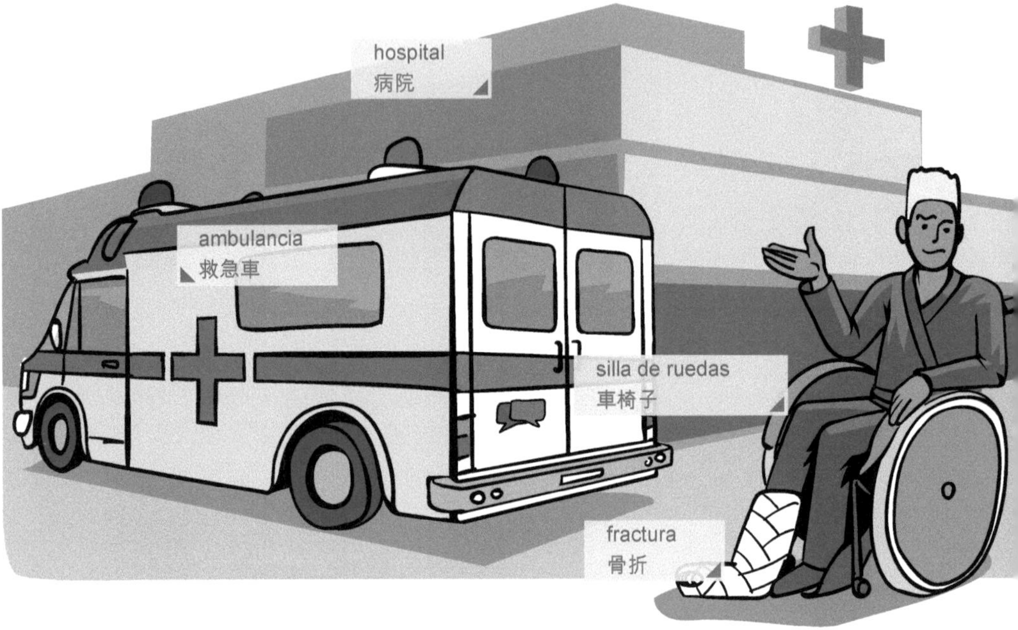

hospital
病院
ambulancia
救急車
silla de ruedas
車椅子
fractura
骨折

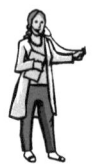

médico
医師

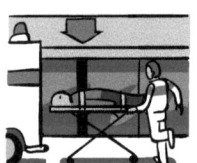

sala de urgencias
救急治療室

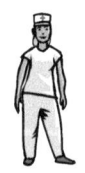

enfermera
看護師

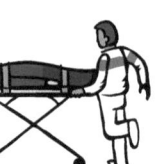

urgencia
救急

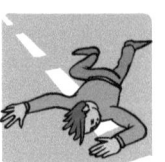

inconsciente
失神

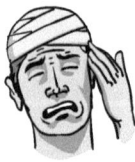

dolor
痛み

lesión

けが

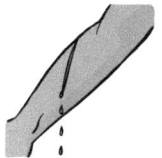

hemorragia

出血

infarto

心臓発作

ictus

脳卒中

alergia

アレルギー

tos

咳

fiebre

熱

gripe

インフルエンザ

diarrea

下痢

dolor de cabeza

頭痛

cáncer

癌

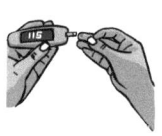

diabetes

糖尿病

cirujano

外科医

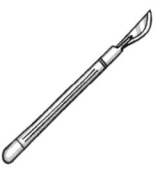

bisturí

外科用メス

operación

手術

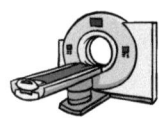

TAC
CT

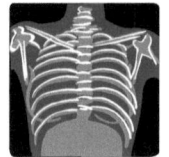

rayos x
レントゲン

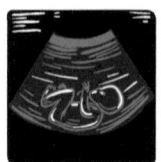

ultrasonido
超音波

mascarilla
マスク

enfermedad
病気

sala de espera
待合室

muleta
松葉づえ

tirita
ばんそうこう

venda
包帯

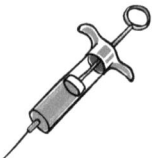

inyección
注射

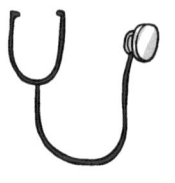

estetoscopio
聴診器

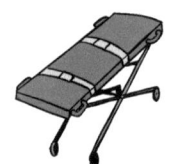

camilla
担架

termómetro
体温計

nacimiento
出産

sobrepeso
肥満

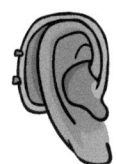

audífono

補聴器

desinfectante

消毒剤

infección

感染

virus

ウイルス

VIH / SIDA

HIV / エイズ

medicina

内服薬

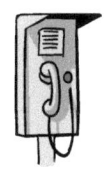

vacunación

予防接種

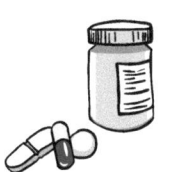

tabletas

錠剤

pastilla

ピル

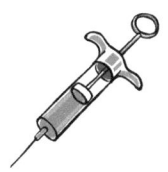

llamada de urgencia

緊急電話

tensiómetro

血圧計

enfermo / sano

病気の / 健康な

¡Socorro!

助けて！

alarma

アラーム

asalto

暴行

ataque

攻撃

peligro

危険

salida de emergencia

非常口

¡Fuego!

火事だ！

extintor de incendios

消火器

accidente

事故

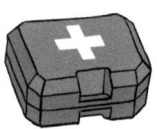

botiquín de primeros auxilios

救急箱

SOS

SOS

policía

警察

Europa

ヨーロッパ

Norteamérica

北米

Sudamérica

南米

África

アフリカ

Asia

アジア

Australia

オーストラリア

Atlántico

大西洋

Pacífico

太平洋

Océano Índico

インド洋

Océano Antártico

南極海

Océano Ártico

北極海

polo norte

北極

polo sur

南極

Antártida

南極大陸

tierra

地球

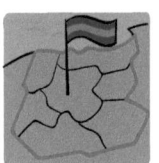

tierra

陸

mar

海

isla

島

nación

国家

estado

国家

esfera

文字盤

manecilla de las horas

短針

minutero

長針

segundero

秒針

¿Qué hora es?

何時ですか？

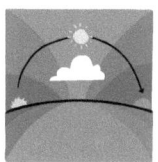

día

日

tiempo

時間

ahora

現在

reloj digital

デジタル時計

minuto

分

hora

時間

semana

週

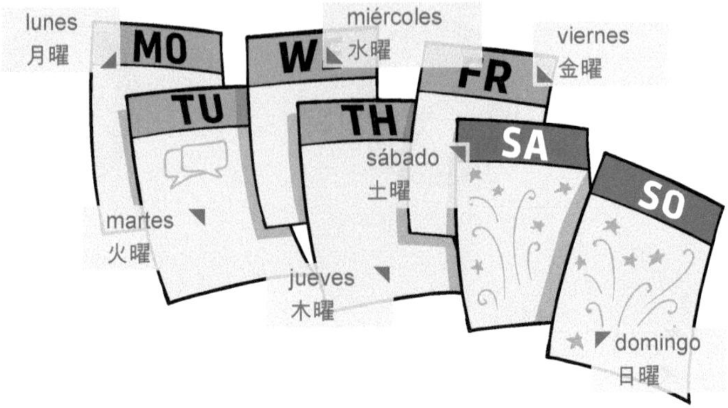
lunes
月曜
MO
miércoles
水曜
W
viernes
金曜
FR
TU
TH
sábado
土曜
SA
SO
martes
火曜
jueves
木曜
domingo
日曜

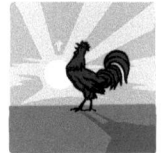

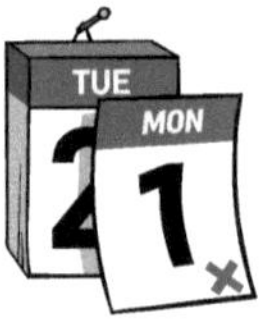
TUE
MON
1

ayer

昨日

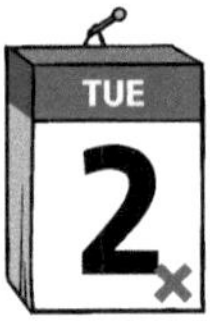
TUE
2

hoy

今日

TUE
3

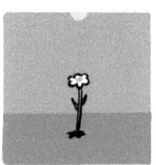

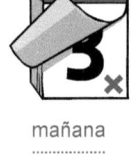

mañana

明日

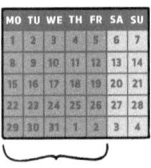

mañana

朝

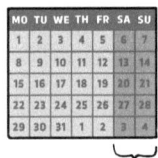

mediodía

昼

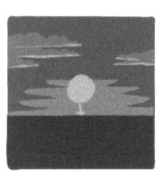

tarde

夜

MO TU WE TH FR SA SU
1 2 3 4 5 6 7
8 9 10 11 12 13 14
15 16 17 18 19 20 21
22 23 24 25 26 27 28
29 30 31 1 2 3 4

días laborables

営業日

MO TU WE TH FR SA SU
1 2 3 4 5 6 7
8 9 10 11 12 13 14
15 16 17 18 19 20 21
22 23 24 25 26 27 28
29 30 31 1 2 3 4

fin de semana

週末

año

年

lluvia
雨
arcoíris
虹
nieve
雪
viento
風
primavera
春
otoño
秋
verano
夏
invierno
冬

4.APRIL 11°
5.APRIL 4°
6.APRIL 13°
7.APRIL 8°
8.APRIL 10°

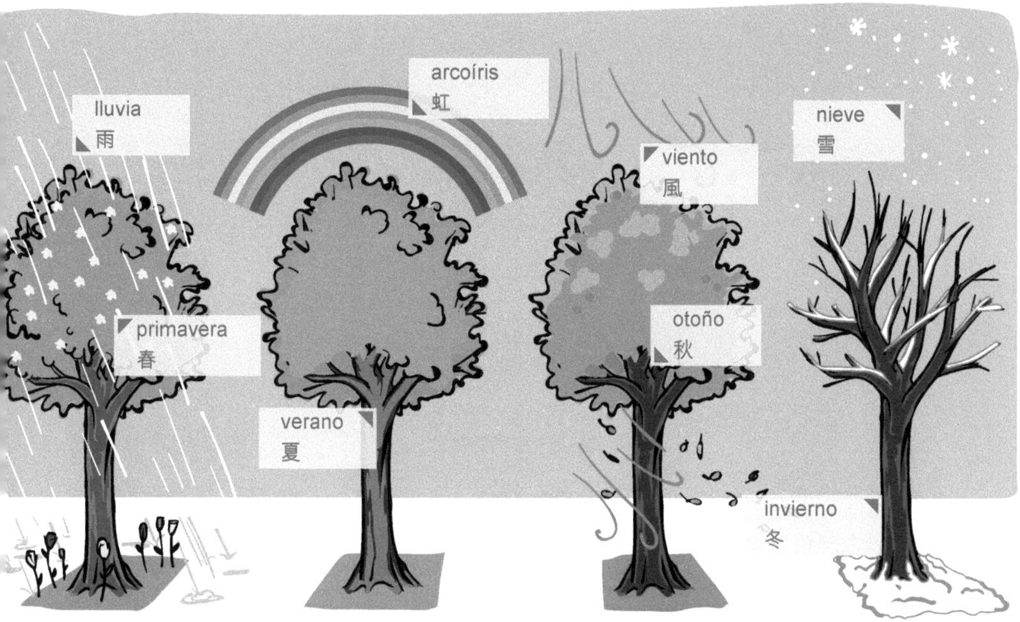

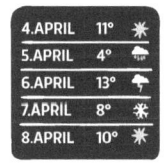

pronóstico del tiempo

天気予報

F C
120 40
90 30
60 20
30 10
0 0
-30 -10
-20

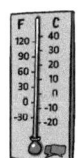

termómetro

温度計

sol

日差し

nube

雲

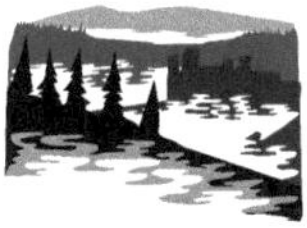

niebla

霧

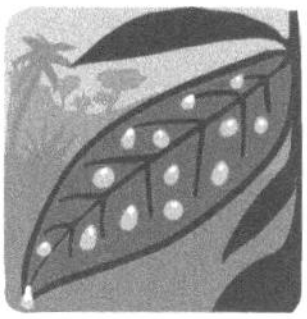

humedad

湿度

rayo

雷

trueno

雷

tormenta

嵐

granizo

ひょう

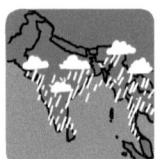

monzón

季節風

inundación

洪水

hielo

氷

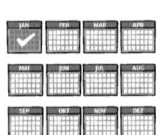

enero

1月

febrero

2月

marzo

3月

abril

4月

mayo

5月

junio

6月

julio

7月

agosto

8月

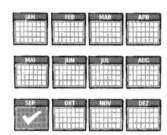

septiembre

9月

octubre

10月

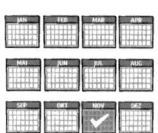

noviembre

11月

diciembre

12月

formas

形

círculo

円

cuadrado

正方形

rectángulo

長方形

triángulo

三角

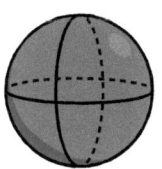

esfera

球

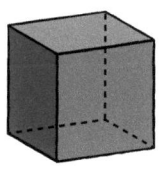

cubo

立方体

colores

色

blanco

白

amarillo

黄

anaranjado

オレンジ

rosa

ピンク

rojo

赤

morado

紫

azul

青

verde

緑

marrón

茶

gris

灰色

negro

黒

mucho / poco

多い　/　少ない

enojado / tranquilo

怒っている /
落ち着いている

bonito / feo

美しい　/　醜い

principio / fin

初め　/　終わり

grande / pequeño

大きい　/　小さい

claro / oscuro

明るい　/　暗い

hermano / hermana

兄弟　/　姉妹

limpio / sucio

清潔な / 汚い

completo / incompleto

完全な　/　不完全な

día / noche

日中　/　夜

muerto / vivo

死んだ　/　生きている

ancho / estrecho

幅広い　/　狭い

comestible / no comestible

食べられる /
食べられない

malo / amable

悪意のある / 親切な

entusiasmado / aburrido

興奮している /
退屈している

gordo / delgado

太った / 痩せた

primero / último

最初に / 最後に

amigo / enemigo

友人 / 敵

lleno / vacío

いっぱいの / 空の

duro / blando

硬い / 柔らかい

pesado / ligero

重い / 軽い

hambre / sed

空腹 / 喉の渇き

enfermo / sano

病気の / 健康な

ilegal / legal

違法な / 合法な

inteligente / tonto

賢い / 愚かな

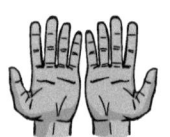

izquierda / derecha

左に / 右に

cerca / lejos

近い / 遠い

86   opuestos - 反対

nuevo / usado

新しい / 中古の

nada / algo

何もない / 何かある

viejo / joven

老いた / 若い

encendido / apagado

オン / オフ

abierto / cerrado

開いている /
閉まっている

silencioso / ruidoso

静かな / うるさい

rico / pobre

裕福な / 貧乏な

correcto / incorrecto

正しい / 間違っている

áspero / suave

粗い / なめらか

triste / contento

悲しい / 幸せな

corto / largo

短い / 長い

lento / rápido

ゆっくり / 速い

húmedo / seco

濡れた / 乾いた

cálido / frío

温かい / 冷たい

guerra / paz

戦争 / 平和

números

数

0

cero

ゼロ

1

uno

1

2

dos

2

3

tres

3

4

cuatro

4

5

cinco

5

6

seis

6

7

siete

7

8

ocho

8

9

nueve

9

10

diez

10

11

once

11

12

doce

12

13

trece

13

14

catorce

14

15

quince

15

16

dieciséis

16

17

diecisiete

17

18

dieciocho

18

19

diecinueve

19

20

veinte

20

100

cien

100

1.000

mil

1000

1.000.000

millón

100万

idiomas
言語

inglés

英語

inglés americano

アメリカ英語

chino mandarín

中国標準語

hindi

ヒンディー語

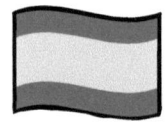

español

スペイン語

francés

フランス語

árabe

アラビア語

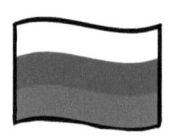

ruso

ロシア語

portugués

ポルトガル語

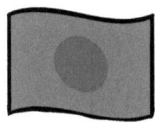

bengalí

ベンガル語

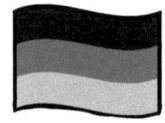

alemán

ドイツ語

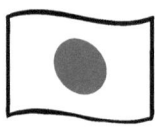

japonés

日本語

yo

私

tú

あなた

él / ella / ello

彼 / 彼女 / それ

nosotros/as

私たち

vosotros/as

あなたたち

ellos/as

彼ら

¿quién?

誰？

¿qué?

何？

¿cómo?

どうやって？

¿dónde?

どこ？

¿cuándo?

いつ？

HELLO, I AM

nombre

名前

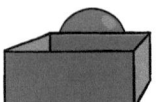

detrás

後ろ

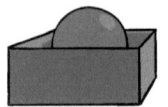

en

中

delante de

前

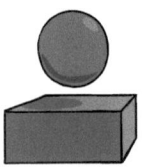

por encima de

上

sobre

上

debajo de

下

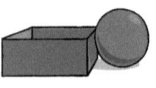

junto a

横

entre

間

lugar

場所